AF339608

# DE L'ALGÉRIE.

## SYSTÈME DU DUC DE ROVIGO

### EN 1832.

## Moyens d'affermir nos possessions

### EN 1840.

*EXTRAIT DU SPECTATEUR MILITAIRE.*

PARIS,

IMPRIMERIE DE BOURGOGNE ET MARTINET,

RUE JACOB, 30.

1840.

# DE L'ALGÉRIE.

## SYSTÈME DU DUC DE ROVIGO

### EN 1832.

—

### MOYENS D'AFFERMIR NOS POSSESSIONS

### EN 1840.

« Depuis le duc de Rovigo nous n'avons rien fait de
» bien en Afrique, » disait un des gouverneurs de ce
pays. Cet aveu donne plus de force à l'opinion publique, qui, surtout à Alger, est si favorable à ce général. Dans les circonstances présentes, il me paraît utile
de reproduire l'extrait d'un Mémoire que je rédigeai
par ordre du duc de Rovigo, pour faire connaître ses
idées sur l'Afrique. La mort de cet officier-général fut
une grande perte pour le pays ; elle empêcha de donner suite à ses projets. La situation actuelle de la régence ne permet plus de suivre entièrement son système ; cependant on devrait en adopter les principes.
Ils sont presque mis en pratique dans la province de
Constantine.

Après avoir examiné dans le Mémoire fait en 1832
les divers systèmes proposés pour l'Afrique, je formulais et je développais ainsi celui du duc de Rovigo :

« Il faut occuper les ports de la régence par des stations militaires de terre et de mer, établies le plus sûrement possible, et investir d'une grande autorité des scheiks arabes, qui, feudataires de la France, administreraient le pays (1).

» Le mode d'occupation est très onéreux, pensait le duc de Rovigo : les douanes sont les seuls revenus qu'ait le Trésor. Cela fit rechercher la combinaison qui nous occupe. Les douanes peuvent produire par

(1) En parcourant l'histoire on trouve de grands rapprochements entre ce système et celui que Rome adopta pour soumettre les provinces africaines.

Jusqu'au temps de Jugurtha, les Romains ne connurent les Numides que comme alliés ; après la défaite de ce prince, la Numidie fut plutôt traversée que conquise. Profitant de l'état intérieur du pays, les Romains avaient vaincu un roi barbare, détesté de son peuple ; sans pouvoir aussi promptement subjuguer des nations errantes et guerrières, défendues par des montagnes et des déserts immenses.

Le sénat, si habile à préparer les nations à la domination romaine, voulut rendre la soumission du pays facile en la réservant pour d'autres temps, et en procédant graduellement. La Numidie ne fut point d'abord réduite en province romaine. On la partagea en plusieurs États, donnés à des chefs rivaux, qui devinrent les instruments employés par le sénat pour faire adopter au peuple vaincu la civilisation, les habitudes, et enfin la domination romaine. Les villes phéniciennes et carthaginoises du littoral furent formées en colonies militaires. Sous leur protection la culture fit des progrès ; les tribus errantes renoncèrent à leur genre de vie, ou se retirèrent dans l'intérieur ; peu à peu on parvint à administrer régulièrement le pays.

C'est dans l'organisation des provinces d'Afrique que se manifeste la haute capacité du sénat romain. On conserva des rois indigènes jusqu'au temps de Claude, 150 ans après la victoire de Marius. Alors on forma deux provinces, et aux anciens rois numides succédèrent les autorités romaines, qui exercèrent sur les tribus indigènes les mêmes droits de souveraineté que leurs prédécesseurs.

des taxes sur l'importation et l'exportation ; il faut donc occuper les principaux débouchés qui servent au commerce. Ce sont les ports de Bone, Collo, Gigely-Bougie, Delys, Alger, Cherchel Arzeu, Oran et Archgoun, ou le Rio-Salado. On atteindra à leur sortie les productions territoriales des pays qui sont hors de notre influence ; par les droits sur l'importation, on imposera les consommations jusque dans le désert.

» L'occupation des ports permet en outre d'exercer une surveillance rigoureuse sur l'introduction de la poudre et des armes ; elle rompra les relations des Arabes avec nos ennemis du dehors.

» L'organisation de chefs arabes, feudataires de la France, est l'application d'une heureuse idée qui amènerait les plus grands résultats. Pris parmi les personnages influents, ces chefs nous assureraient, par des otages, la domination de tout le pays. Ils commandent déjà dans des circonscriptions territoriales ; il ne s'agit que les appeler à nous. Leur intérêt exige qu'ils relèvent d'une puissance forte, qui les protège contre les tentatives de leurs rivaux, et consolide leur existence politique. Sans la soumission de ces hommes puissants, il est impossible de rien obtenir des contrées qui ne sont même qu'à quelques lieues d'Alger. Ils percevraient les impôts, et nous en donneraient une partie. Tel est le but qu'il faut atteindre ; on ne le dépassera que lorsque la France, y trouvant un avantage, pourra imposer de nouvelles conditions à la faveur de ses établissements coloniaux. Pendant la paix que les feudataires maintiendraient, la colonisation se développerait rapidement.

» Cette combinaison a un autre avantage, c'est de séparer et de mettre en rivalité deux influences remarquables; l'une temporelle, exercée par les grands scheiks; l'autre spirituelle, au pouvoir des marabouts. Ces deux influences divisent une population ignorante, et ont sur elle un empire à peu près égal; notre politique est de combattre l'une par l'autre. »

Ainsi basé sur le développement successif de nos établissements, le système du duc de Rovigo faisait gouverner les Arabes par des chefs indigènes. Si ce projet avait été mis à exécution depuis 1832, la province d'Alger aurait acquis une consistance qui affermirait à jamais nos possessions.

Au lieu de sa petite darse, Alger aurait déjà un grand port militaire; le massif serait couvert de plantations et entièrement habité par des Européens; un canal tracé dans la plaine au pied des collines, assainirait le pays et garantirait les colons des incursions arabes. Là se bornerait notre colonisation, mais elle défierait les menées hostiles de nos ennemis d'Afrique et d'Europe.

Les colons s'établiraient seulement à présent dans la Métidja, rendue par des travaux à son ancienne salubrité. Jusqu'ici elle aurait été cultivée par des Arabes, qui, commandés par un aga musulman, résidant à Blidah, seraient pour nous les anciens spahis des Turcs, *le magzen*. Des routes faites par nos troupes, et entretenues, comme gage de soumission, par des khalifes placés à Cherchel, Médéah, Hamza et Delys, relieraient ces points avec Alger. Les khalifes acquitteraient l'impôt, perçu jadis par les Turcs, et faciliteraient nos relations avec l'intérieur du pays (1).

A Douera stationnerait un seul corps expéditionnaire, toujours prêt à marcher pour soutenir nos alliés

(1) Dès 1832, le duc de Rovigo était en pourparlers avec Achmed-Bey, Farhat, Ben-Zamoun, Mustapha, et autres personnages importants.

et punir nos ennemis. L'effectif de l'armée aurait été réduit à 10,000 hommes, peut-être à 8,000.

On trouvera que la colonisation, bornée maintenant au massif d'Alger, aurait peu d'importance ; mais on changera d'avis en comparant cette situation, pleine d'avenir, avec l'état actuel. Comptez un à un les millions perdus en Afrique, et les hommes que la France a inutilement sacrifiés !

## MOYENS D'AFFERMIR NOS POSSESSIONS

### EN 1840.

Nous sommes maintenant pour ainsi dire moins avancés en Afrique que nous ne l'étions en 1832. Toutefois, pour l'honneur national, ne désespérons pas encore de l'avenir de la colonie ; tâchons d'améliorer notre situation. Trois moyens se présentent pour arriver à cet but :

1° Détruire la puissance d'Abd-el-Kader ;

2° Gouverner les Arabes par eux-mêmes ;

3° Enfin, coloniser la Métidja et les vastes plaines de Bone et d'Oran.

Ces trois dispositions doivent s'exécuter successivement, et participer dans leur ensemble des principes fondamentaux de notre système.

### § I. DÉTRUIRE LA PUISSANCE D'ABD EL-KADER.

Pour détruire, ou du moins affaiblir la puissance d'Abd-el-Kader, faites-lui promptement la guerre, et suscitez-lui des ennemis au sein même des Arabes. S'il ne fallait pas prendre en considération les dépenses occasionnées pour un pays dont la valeur intrinsèque est inférieure aujourd'hui aux millions qu'il nous coûte, je proposerais, comme l'ont fait d'autres officiers, la formation de trois corps expéditionnaires de 10,000 hommes chacun, à Tlémecen, Mascara et Médéah. La province de Constantine resterait momentanément dans la situation où elle se trouve. Trois corps agissant simultanément obtiendraient de grands résultats : deux opérant autour de Médéah et de Mascara, ne réussiraient pas aussi complétement, et ne nous dispenseraient pas de faire une démonstration sur la Tafna. Un seul corps manœuvrant aux environs de Médéah, nous obligerait à faire des diversions sur Mascara par Mostaganem, et sur Tlémecen par l'ancien camp de la Tafna. Si l'on ne pouvait entreprendre qu'une expédition, il faudrait commencer les opérations par la province de Titery, et les étendre vers l'ouest sur Mazouna, Takedempt, Mascara et Tlémecen. Mais les demi-mesures ne pouvant améliorer notre situation en Afrique, je supposerai que l'on formera trois colonnes expéditionnaires.

Ces corps de troupes logeraient dans les maisons abandonnées par les habitants de Médéah, Mascara et Tlémecen, ou prises sur eux à titre de représailles. Ils s'approvisionneraient par mer, au moyen des points d'Archgoun, Mostaganem et Alger. Ces positions maritimes auraient des communications assurées par de petits postes, avec les corps qu'elles alimenteraient. Un soldat en marche peut porter pour huit jours de vivres, ainsi, des colonnes de 7 ou 8,000 hommes battraient le pays au moins à 25 lieues à la ronde, et refouleraient Abd-el-Kader dans le désert. Tidgini et les chefs d'Angad porteraient ensuite les derniers coups à sa puissance ébranlée.

Le corps de Tlémecen empêcherait Abd-el-Kader de se réfugier dans cette ville, et favoriserait le soulèvement des tribus d'Angad ; il menacerait la ville d'Ouchda, appartenant à l'empire de Maroc. On irait reconnaître cette place, et annoncer aux habitants qu'Ouchda sera détruite s'ils donnent encore à l'émir la moindre assistance.

Dès la première année, si la situation des choses le permet, nous installerons à Tlémecen un khalife pris parmi nos fidèles Douairs ou Smélas d'Oran. Nous lui donnerons pour soutenir son autorité un corps de 2 ou 3,000 hommes, qui restera à Tlémecen jusqu'à ce que ce khalife soit assez puissant pour être abandonné à ses seules forces. Ces dispositions ne sont applicables qu'à la position excentrique de Tlémecen.

Développons maintenant notre système dans la province d'Alger. On agirait par analogie dans celle d'Oran ; mais c'est autour de la capitale de la régence qu'il faut faire en toutes choses les premiers essais.

Les environs d'Alger seraient occupés par quelques postes. On garderait convenablement Boufarik, Blidah et Koleah. On aurait à Kara-Mustapha une forte garnison pour couvrir l'est de la plaine, et on abandonnerait momentanément les autres camps de la Métidja. 10,000 hommes de toutes armes occuperaient la ville de Médéah, et garderaient les retranchements construits au Teniah et à la ferme de Mouzaïa pour assurer les communications. On ferait une grande route du mauvais chemin de Médéah. On installerait dans cette ville un khalife musulman, à moins qu'il ne préférât, suivant les usages, camper au-dehors. Le corps de Médéah opérerait successivement sur Miliana, Mazouna, Thaza, Cherchel, Berouaguia et Hamza.

Cette année, pendant les expéditions, on ferait dans la Métidja le recensement des Arabes restés fidèles à notre cause. Ils conserveraient leurs biens et seraient inscrits au nombre de nos spahis. Les Arabes convaincus d'avoir pris une part quelconque aux derniers événements auraient leurs propriétés confisquées.

On interdira aux colons de rentrer à présent dans la Métidja, où ils ne peuvent encore être en sûreté. On les engagera à s'établir dans le massif d'Alger, et à imiter les planteurs, MM. Roche, Urtis, Cossidou, Couput et autres. Les ouvriers sans travail, par suite des derniers désastres, creuseraient un canal au pied des collines du Sahel pour unir l'Haratch au Mazafran rendus infranchissables. Ce canal aurait pour but de protéger réellement le massif et la ville d'Alger, et d'assainir les marais des Oued-Tleta et Zoui.

Le massif ainsi protégé, couvert d'habitations et de cultures, deviendrait le réduit inexpugnable de nos possessions, si la France était menacée de catastrophes qu'il faut prévoir afin de les conjurer. La politique européenne ne nous commande-t-elle pas d'ailleurs d'agir avec prudence?

### § II. GOUVERNER LES ARABES PAR EUX-MÊMES.

En 1842, lorsque les Arabes de Titery seront soumis à notre domination, on agira comme il a été proposé pour Tlémecen. 2 ou 3,000 hommes resteront à Médéah auprès du khalife, qui aura des lieutenants à Hamza, Miliana et Mazouna, à moins que l'on ne préfère créer dans ces villes des autorités indépendantes, rivales de celle de Médéah. Nous trouverions des hommes capables de remplir ces fonctions parmi les Douairs d'Oran, et les officiers indigènes des spahis des trois provinces.

Les 7 ou 8,000 soldats qui ne resteraient pas à Médéah rentreraient dans la Métidja, et occuperaient les anciens camps du Fondouk, de l'Arba, de l'Haratch et de l'Alleg. On les emploierait à des travaux que j'indiquerai plus loin.

Tous les ans au mois de mai, *avant les moissons*, les troupes disponibles de la Métidja se rendraient à Médéah, afin d'escorter le khalife dans les tournées qu'il ferait pour lever l'impôt. Ces troupes rentreraient ensuite dans la Métidja avec les contributions destinées à la France.

On maintiendra ces dispositions tant que les travaux de défense ne seront pas terminés dans la Métidja et que nos khalifes auront besoin de notre assistance. Plus tard, on réduirait considérablement en Afrique l'effectif des troupes.

## § III. COLONISER LA MÉTIDJA.

Vers 1844, si nos projets réussissent, on s'occupera de coloniser partiellement la Métidja. Il sera permis aux Européens de s'établir sur le terrain où la sécurité pourra leur être garantie. Jusqu'à cette époque la culture n'aurait embrassé que le massif d'Alger. Les Arabes, nos alliés, seront refoulés successivement aux extrémités de la Métidja. Soldés par la France comme spahis, ils deviendront pendant la guerre nos cavaliers d'avant-garde; ils favoriseraient en temps de paix nos relations avec les autres indigènes. Si la Métidja était un jour entièrement colonisée, on les placerait, en leur donnant quelques dédommagements dans la vallée fertile du Chélif et dans les plaines de Hamza. Ils serviraient alors comme le *magzen* des khalifes auprès desquels nos troupes deviendraient inutiles pour appuyer leur autorité et nous assurer de leur fidélité.

Je me garderais de proposer la colonisation de la Métidja si je ne pouvais donner aux cultivateurs, au moyen de plusieurs canaux, la *sécurité* dont ils ont besoin, l'*assainissement* qui manque au pays, les *arrosages* indispensables à la terre d'Afrique, et les *communications* nécessaires aux exploitations : en outre, les *revenus du trésor* se trouveraient augmentés. Pour obtenir ces résultats essentiels, il s'agit de faire, au pied de l'Atlas, un grand canal qui embrasserait toute la Métidja, et se lierait avec la mer. Ce canal formerait une *grande ligne de défense*, et aurait un parapet gardé par des postes. Il recevrait, à la sortie des montagnes, toutes les eaux qui se perdent dans la mer, ou qui s'arrêtent sur le sol pour y former des marécages pestilentiels.

Un officier général du génie a proposé de clore une partie de la Métidja par une muraille continue, afin de protéger le territoire contre les incursions imminentes des Arabes. Pour obtenir le même résultat, je préférerais un canal qui assurerait également la défense, et rendrait enfin productive cette colonisation, but final de notre entreprise. Mon projet a de plus l'avantage de pouvoir être étendu au fur et à mesure des progrès de la culture.

Prenons pour exemple le bassin de l'Haratch ; l'on agirait de même et successivement, quand il serait entièrement cultivé, pour les bassins de l'Hamise, de la Chiffa et du Oued-Ger.

Les eaux de l'Haratch devraient être retenues au Forno

point où il existe déjà des prises d'eau d'irrigation. On les dirigerait d'abord dans le grand canal, qui, tracé au pied de l'Atlas, formerait plus tard la ligne de défense, la grande artère des irrigations. Ce canal, partant de l'Haratch, arriverait sur les lignes de partage des bassins contigus. Les eaux parvenues sur le faîte des versants du Mazafran et de l'Haratch, du côté d'Assenia, détourneraient leurs trop-pleins dans un canal d'irrigation passant par Sidi-Aïd, et allant aboutir à l'est de Sidi-Abd-el-Raman, dans le canal qui aurait été précédemment exécuté au pied du massif d'Alger (1).

On ferait à l'est ce qui vient d'être indiqué pour l'ouest, en y comprenant le Oued-Djema. Le grand canal de ceinture arriverait jusqu'à Sidi-Mohamed, où le canal d'irrigation se détacherait pour aller à l'Hamse par Sidi-Ghalet et Aouch-el-Bey.

*Les canaux d'irrigation,* tracés sur les lignes de partage, et coulant tous vers le nord, serviraient de lignes de défense tant que les bassins latéraux ne seraient pas cultivés, et par conséquent protégés.

Les eaux de l'Haratch, une fois parvenues sur les points de partage, se dirigeraient par des rigoles vers les propriété riveraines.

Le bassin de l'Haratch, ainsi défendu et rendu le premier à la sécurité, pourra être livré aux colons.

On demande s'il y aura assez d'eau en été pour alimenter au moins le canal de ceinture : j'en suis certain. On se servira, à leur sortie des montagnes, des eaux de l'Hamise, du Oued-Bereg, du Oued-Djema, de l'Haratch, du Oued-el-Kebir, de la Chiffa, du Bou-Roumi, du Oued-Ger et de plusieurs ruisseaux. Les rivières dont

______

(1) Voir les cartes dressées au dépôt de la guerre au $\frac{1}{50,000}$ et au $\frac{1}{200,000}$.

le cours supérieur est d'une douzaine de lieues, ont toujours de l'eau, et les Arabes de la Métidja en arrosent leurs champs. Toutefois, dans quelques localités, l'eau pourrait manquer pour les irrigations pendant deux ou trois mois; c'est, il faut en convenir, une circonstance défavorable à la culture; mais tant que le niveau du grand canal de ceinture pourra être maintenu, la sécurité ne sera pas compromise.

*L'assainissement* du pays tient au desséchement des marais. On peut les mettre à sec en faisant des saignées ordinaires et en empêchant l'eau des torrents d'arriver dans les bas-fonds où elle séjourne. Le canal de ceinture fournira ce moyen.

Les eaux de source, qui forment des marais, seront contenues par des bassins, et serviront, dans les parties desséchées, aux besoins de l'agriculture.

J'ai dit que les *revenus du Trésor* augmenteraient. Evidemment les recettes s'élèveraient par suite des progrès de la culture; on pourrait encore imposer les colons pour les concessions d'arrosage.

L'armée, qui a déjà exécuté de si grands travaux en Afrique, peut seule doter la colonie d'un travail qui assurerait sa prospérité. Avec une rétribution de 40 c. par jour (le cinquième de la moindre journée d'ouvrier), le soldat ferait tous les travaux de terrassement. Le génie construirait les retenues d'eau.

Les troupes rentrées dans la Métidja, après la pacification du pays, travailleraient à ces canaux dans les saisons favorables, et avant de reprendre leurs courses avec le khalife de Médéah.

Le grand canal qui formera la ceinture défensive aura 30 lieues de longueur et embrassera une étendue de 125 lieues carrées, le quart de la surface de la Corse. Il

aura 4 mètres de profondeur avec 3 mètres d'eau, 2 mètres de largeur au fond, et 10 mètres dans sa partie
supérieure. Les déblais seront jetés du côté d'Alger
pour former des parapets, qui commandent de beaucoup les rives opposées, et abritent des coups de fusil
les *chemins* qui longeront les canaux.

Les travaux de terrassements, exécutés par les soldats,
ne coûteraient que 20,000 francs par lieue de 4,000 mètres. Les constructions en maçonnerie n'exigeraient pas
de grandes dépenses; car il n'est pas encore question
de faire servir le canal à la navigation. De simples barrages soutiendraient l'eau des biefs.

Ayant levé ou reconnu le terrain sur lequel s'établiraient ces manœuvres d'eau, j'ai la certitude qu'on les
exécuterait facilement et sans beaucoup s'éloigner du
pied des montagnes. La seule objection plausible à faire
contre le canal de ceinture, c'est l'ensablement des
prises d'eau; j'y remédie en pratiquant au pied des
barrages des vannes de dégorgement.

Dans les provinces de Bone et d'Oran on peut appli-
quer ce projet de colonisation et même sur une plus
vaste étendue de terrain que dans la province d'Alger.

Bien que désintéressé dans la question, j'ai cru de-
voir indiquer les moyens de consolider nos possessions
d'Afrique. La colonisation me paraît à présent possible
et avantageuse; mais il faut procéder lentement, avec
méthode et prudence.

SAINT-HYPOLITE,
Chef d'escadron d'état-major.

www.ingramcontent.com/pod-product-compliance
Lightning Source LLC
Chambersburg PA
CBHW061836060726
47597CB00008B/3517